Inhalt

IT-Ressourcen - Cloud Computing ermöglicht einen flexiblen Zugriff auf IT-Leistungen

Kernthesen

Beitrag

Fallbeispiele

Weiterführende Literatur

Impressum

IT-Ressourcen - Cloud Computing ermöglicht einen flexiblen Zugriff auf IT-Leistungen

M. Westphal

Kernthesen

- Die aktuelle Finanzkrise macht auch vor der IT-Industrie nicht halt.
- Im Blickpunkt der IT-Verantwortlichen stehen Konzepte zur Kostenreduktion.
- Cloud Computing kann als Konzeption die IT-Kosten signifikant reduzieren.

Beitrag

On Demand, Software as a Service oder auch Virtualisierung sind die Trendthemen vieler IT-Anbieter in den vergangenen Jahren. Zusammengefasst werden alle diese Themen heute unter dem neuen Begriff Cloud Computing.

Cloud Computing - IT-Service aus dem Internet

Unter Cloud Computing werden sämtliche IT-Dienste verstanden, die über das Internet bezogen werden können. "Software as a Service", "Virtualisierung" und Parallelisierung sind Basis dieses neuen Ansatzes. Ziel ist es, dass sich Kunden zukünftig keine Gedanken mehr über ihre gesamte IT-Infrastruktur machen müssen. Diese wird verfügbar und abrufbar sein wie gerade benötigt, ähnlich wie beim Stromnetz. (2)
Cloud Computing ermöglich die Kompensation von Lastenspitzen oder saison- bzw. konjunkturabhängiger Geschäftsentwicklungen.
Damit umfasst Cloud Computing den einfachen und auch flexiblen Bezug von
- IT-Produkten und Leistungen
- Server- und Speicherkapazität
- Anwendungssoftware
über das Internet.
Die aktuelle Finanzkrise kann diesem Thema einen

Schub verleihen, da die flexible und kostengünstige Bereitstellung von IT-Ressourcen an Bedeutung stark zunehmen wird.
Vorteile, die Cloud Computing bietet, sind unter anderem:
- Skalierbarkeit
- keine Vorlaufzeit in Verbindung mit schneller und einfacher Nutzung
- keine größeren IT-Kenntnisse notwendig
- IT-Kosten und Personal können eingespart werden
- Kapitalbindung sinkt durch verbrauchsabhängige Abrechnung.
Trotz der vielen Definitionen bzw. Sichtweisen zu Cloud Computing geht es im Grunde immer darum, IT-Dienste jeder Art bei externen Dienstleistern verteilt zu produzieren je nach Bedarf und just-in-time. Es handelt sich damit eher um ein Konzept, bei dem sich Daten, Applikationen oder Speicherplatz nicht mehr nur auf lokalen Rechnern befinden werden, sondern irgendwo in hoch skalierbaren Rechenzentren. (3)
Cloud Computing bietet neben dem reinen Kostenaspekt noch den Vorteil des Zeitgewinns. IT-Verantwortliche haben mehr Zeit, über neue Konzepte zur Optimierung von Geschäftsprozessen durch IT nachzudenken. (7)

Virtualisierungssoftware lässt Serveranzahl schrumpfen

Die aktuelle Finanzkrise wird sicher auch vor der IT-Industrie nicht halt machen. Sie bietet aber gerade den Unternehmen im IT-Sektor eine Chance, die sich auf kostensparende IT-Techniken fokussiert haben. Dabei ist insbesondere Software hervorzuheben, die die "Virtualisierung" von Hardwareressourcen ermöglicht. Der Branchenverband Bitkom rechnet zwar damit, dass viele Unternehmen Investitionen in IT soweit möglich aufschieben werden. Da aber auf IT-Unterstützung nicht vollständig verzichtet werden kann, werden Lösungen im Vordergrund stehen, die eine flexible Anpassung an die jeweiligen Bedürfnisse ermöglichen. (1)

Geringerer Energieverbrauch mittels Cloud Computing

Mit Hilfe von Cloud Computing lässt sich auch Energie einsparen. Gerade Internet-Rechner und die großen Rechenzentren verschlingen große Mengen an Energie. Alleine die Rechenzentren und Server in Deutschland verbrauchen pro Jahr etwa neun

Milliarden Kilowattstunden Strom. Das entspricht der Produktionsmenge von drei bis vier mittelgroßen Kohlekraftwerken. Dabei ist der Verbrauch der PCs in den Unternehmen und Haushalten wie auch der Netze noch überhaupt nicht berücksichtigt. (4)
Bisher orientierten sich Unternehmen bei ihrer Kapazitätsanalyse an der jeweiligen Spitzenlast und schafften sich die entsprechende Rechnerkapazität an. Das führte aber dazu, dass die Rechner im Normalbetrieb häufig nur zu 30 Prozent ausgelastet waren. Virtualisierungssoftware ermöglicht, die Ressourcen insgesamt besser auszulasten und dazu auch noch die Energiekosten zu senken. Diese Software erzeugt virtuelle Maschinen, die dem System wie auch den genutzten Programmen vormachen auf ihrem Server zu laufen. Hierdurch können auf einem Server mehrere Programme gleichzeitig laufen. Unterstützt wird die Verbreitung von Cloud Computing durch immer größere verfügbare Bandbreiten zur Datenübertragung. Das ermöglicht die weltweite Verteilung von Prozessor- und Speicherleistung über Netzwerke.
Anbieter für solche Virtualisierungssoftware sind Unternehmen wie VMWare, Hewlett Packard, Sun, Microsoft, Red Hat und auch Dell. (1)

Grid Computing - die Basis von

Cloud Computing

Grid Computing, ein Begriff der noch vor kurzem viele IT-Verantwortliche beschäftigte, bildet die Basis für Cloud Computing. Der wesentliche Unterschied besteht darin, dass Grid Computing die Rechenleistung nach Art der Energieversorger bereitstellt. Cloud Computing hingegen ist nicht nur für bestimmte Applikationen und mittels spezifischer Werkzeuge nutzbar, sondern auch für sämtliche IT-Lösungen. (5)
Zudem muss mit Cloud Computing die Software nicht mehr zwingend auf dem lokalen Rechner installiert sein, sondern kann in fernen Rechenzentren laufen. Das spart Hardwarekosten und Lizenzgebühren, da dann nur noch nach Verbrauch abgerechnet wird. (1)

Fallbeispiele

Viele IT-Unternehmen haben das Potential von Cloud Computing erkannt, weshalb z. B. Hewlett Packard den IT-Infrastrukturspezialisten EDS für 13 Milliarden US-Dollar gekauft hat.
Auch IBM hat entsprechende Services auf den Markt

gebracht, die die Installation, die Konfiguration und das Betreiben von Cloud Computing unterstützen. (1)

Das Bundesumweltministerium konnte durch virtuelle Bündelung seiner Server die Anzahl der Server von sechs auf zwölf senken. Die Auslastung der Rechner liegt jetzt im Schnitt bei 40 bis 50 Prozent. (4)

Bei der Nutzung von Cloud Computing sind vor allem rechtliche Aspekte zu berücksichtigen. Wenn z. B. Personaldaten in Ländern lagern, in denen andere Datenschutzbestimmungen herrschen, kann es zu Problemen kommen. (5)

Microsoft will sich im Markt für Cloud Computing positionieren. Aktuell führt Microsoft die Internet-Software Windows Azure ein, die in Zukunft wie ein Betriebssystem für das Internet arbeiten soll. Windows Azure soll vergleichbar zum heutigen Windows die Programme und Daten und ihren Ablauf koordinieren. Zusätzlich wird Microsoft ein Office-Paket anbieten, welches im Internet liegt. Bisher stand Microsoft für Lösungen, die sich rund um den physischen Rechner im Büro oder Heim, oder auch Netzwerk ausrichteten. Jetzt steht für Microsoft eine Revolution an, denn die traditionelle PC-Software scheint sich langfristig zu einem Auslaufmodell zu entwickeln.

Eine weitere Revolution im Rahmen der Einführung von Azure stellt die Tatsache dar, dass Web-Entwickler rund um den ganzen Globus Programme entwickeln sollen. Azure läuft in den Rechenzentren von Microsoft und die entwickelte Software wird dorthin zur jeweiligen Nutzung überspielt. (6)
Das Betriebssystem übernimmt heute auf einem PC die gesamte Kontrolle der verschiedenen Applikationen. Dabei werden Rechenleistung und auch Arbeitsspeicher verwaltet. Auch Windows Azure soll Vergleichbares leisten, aber eben im virtuellen Raum der Cloud. In diesem Falle werden die Prozesse auf entfernte Computer im Internet verteilt. Das Programm kümmert sich selbstständig darum, auf wie viele Maschinen es seine Rechenleistung verteilt. Damit dürfte sich die IT stark verändern, da die heutigen komplexen, und aufwendig zu konfigurierenden Server-Umgebungen nicht mehr verwaltet werden müssten von teurem IT-Personal. Die Unternehmen stehen nicht mehr vor dem Problemen, die die Installation von Netzen, Hochleistungsrechnern oder hochskalierenden Web-Sites aufwerfen. Die jeweilige Software wird einfach nur noch geladen und Windows Azure kümmert sich um den Rest. Microsoft erwartet, dass in fünf bis zehn Jahren kaum noch jemand eine Vorstellung davon hat, wie man ohne derart "virtualisierte" Computer-Welten leben konnte. (9)

Forrester empfiehlt den Finanzchefs der Unternehmen, zusammen mit ihren IT-Chefs verstärkt die Möglichkeiten des Cloud Computing zu prüfen, da sich gerade im Rahmen der aktuellen Finanzkrise große Kosteneinsparpotentiale realisieren lassen. Forrester verweist dabei unter anderem auf die deutlich verkürzten Einführungszeiten im Falle der Nutzung von "Software als Service"-Pakete. Es wird ein Beispiel eines Unternehmens angeführt, welches einen Cloud-basierten Service innerhalb von zwei Monaten eingeführt hat. Gerade im Personal und CRM-Bereich gibt es eine große Anzahl an fertigen Lösungen, die bereits erprobt sind und schnell eingesetzt werden können. (7)

Weiterführende Literatur

(1) Virtualisierung Neue Technik kappt die Fixkosten
aus HANDELSBLATT online 26.11.2008 10:13:05

(2) Glossar
aus Die Presse vom 2008-11-26, Seite: 13

(3) Die Daten regnen aus dem Netz
aus Die Presse vom 2008-11-26, Seite: 13

(4) Die Zukunft liegt in der Wolke
aus Frankfurter Allgemeine Sonntagszeitung, 23.11.2008, Nr. 47, S. 72

(5) Hinter den Wolken
aus iX - Magazin für Informationstechnik, 12/2008, S. 131

(6) Kampf um die Wolke
aus WirtschaftsWoche NR. 046 VOM 10.11.2008 SEITE 064

(7) CFOs sollten verstärkt Cloud-Computing nutzen, um Kosten zu sparen Forrester: Mit Cloud-Computing gegen die Kostenschraube
aus Computer Zeitung, Heft 46, 2008

(8) Gartner singt den Blues
aus Computerwoche, 14.11.2008, Nr. 46

(9) "Wir liefern PC- und Web-Komponenten"
aus Computerwoche, 21.11.2008, Nr. 47

Impressum

IT-Ressourcen - Cloud Computing ermöglicht einen flexiblen Zugriff auf IT-Leistungen

Bibliografische Information der deutschen Nationalbibliothek

Die Deutsche Nationalbibliothek verzeichnet diese Publikation in der deutschen Nationalbibliografie; detaillierte bibliografische Daten sind im Internet über http://dnb.d-nb.de abrufbar.

ISBN: 978-3-7379-0348-6

© 2015 GBI-Genios Deutsche Wirtschaftsdatenbank GmbH, Freischützstraße 96, 81927 München, www.genios.de

Alle Rechte vorbehalten. Dieses Werk ist einschließlich aller seiner Teile – z.B. Texte, Tabellen und Grafiken - urheberrechtlich geschützt. Jede Verwertung außerhalb der Grenzen des Urheberrechtsgesetzes bedarf der vorherigen Zustimmung des Verlags. Dies gilt insbesondere auch für auszugsweise Nachdrucke, fotomechanische

Vervielfältigungen (Fotokopie/Mikroskopie), Übersetzungen, Auswertungen durch Datenbanken oder ähnliche Einrichtungen und die Einspeicherung und Verarbeitung in elektronischen Systemen.